C

Escribir para leer

Writing to Read

The materials for the writing program Escribir Para Leer/Writing to Read were originally researched, written, and developed by the Editorial Departments of SANTILLANA, S.A., and SANTILLANA USA PUBLISHING CO., INC., Miami, Florida.

ISBN: 1-58105-265-0   Student Book

Santillana USA Publishing Co., Inc.
2105 N.W. 86th Avenue
Miami, FL 33122

Senior Editors
Bárbara Valdés
Guilherme P. Kiang-Samaniego

Editor
Janice Baillie

Director of Research and Development
Antonio Ramos

Teacher's Guide
Iraida López-Iñiguez

Developmental Team
Nieves Mínguez
María Teresa López-Sáez
Sagrario Luna
Carmen Heras

Santillana USA

Table of Contents

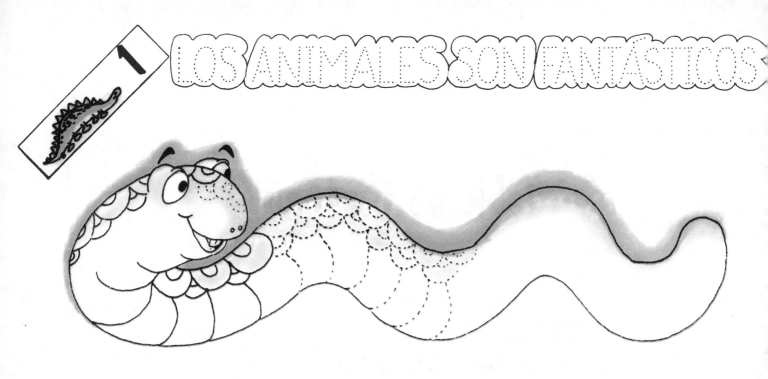

El gusano ondulado

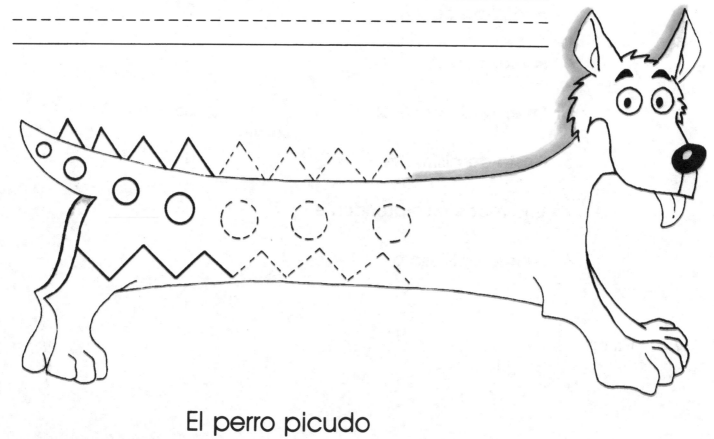

El perro picudo

El dragón mágico

La serpiente espiral

gallina

vaca

conejo

caballo

perro

oveja

1. La nos da huevos.

2. La nos da leche.

león

pantera

mono

leopardo

jirafa

elefante

1. La 🦒 es muy alta.

2. El 🐘 es muy grande.

b	r	a	→	-----
d	r	o	→	-----
c	r	e	→	-----
t	r	o	→	-----

p	r	a	→	-----
f	r	e	→	-----
g	r	e	→	-----
b	r	i	→	-----

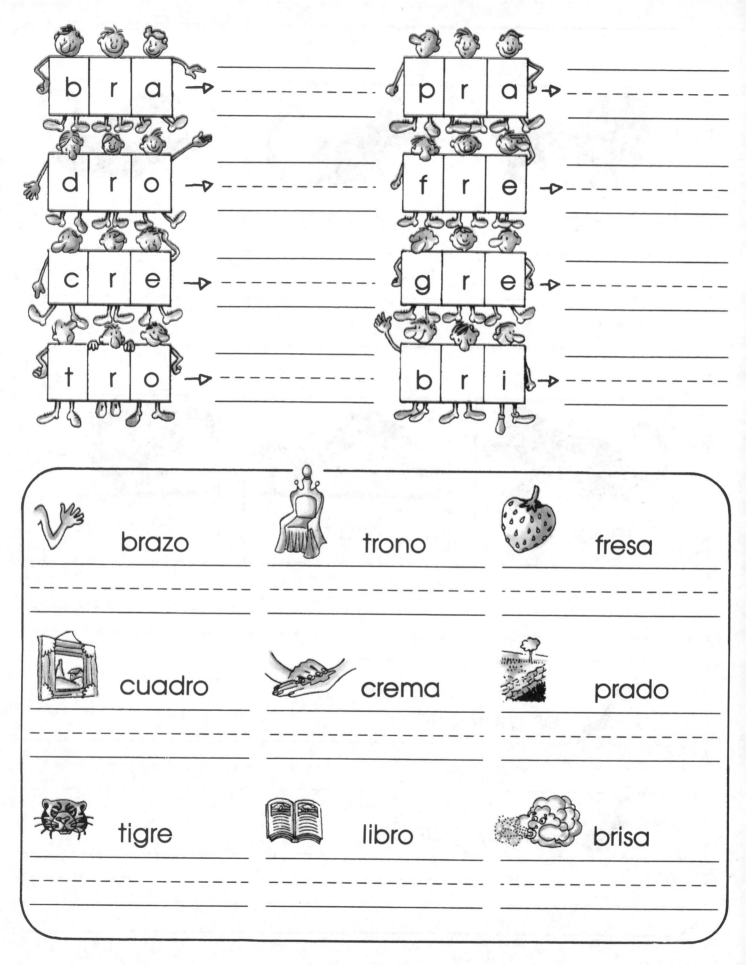

brazo

trono

fresa

cuadro

crema

prado

tigre

libro

brisa

1. gato

2. foca

3. conejo

4. gorila

5. gusano

6. culebra

Fíjate muy bien.

GA, GO, GU

CA, CO, CU

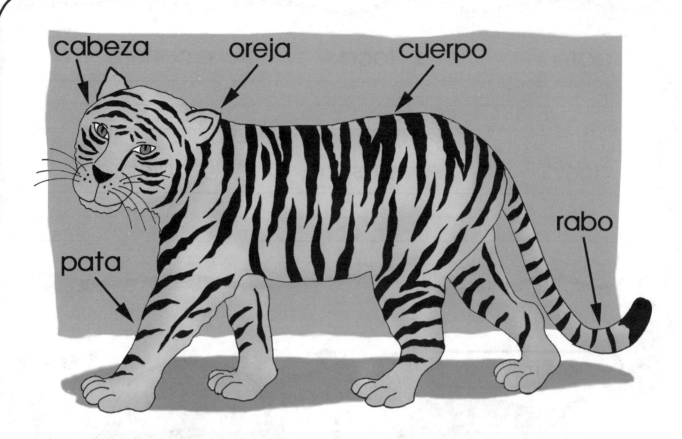

cabeza   oreja   cuerpo

rabo

pata

1. El tigre tiene dos orejas.

2. El tigre tiene cuatro patas.

3. El tigre tiene un rabo.

4. El rabo es largo.

grande — mediano — pequeño

1. El perro grande se llama Coy.

2. El perro mediano se llama Sam.

3. El perro pequeño se llama Dosi.

Escribe nuestros nombres.

Las plantas van a la escuela

1. La amapola escribe.

2. La margarita lee.

3. El girasol dibuja.

4. El trigo pinta.

5. La seta estudia.

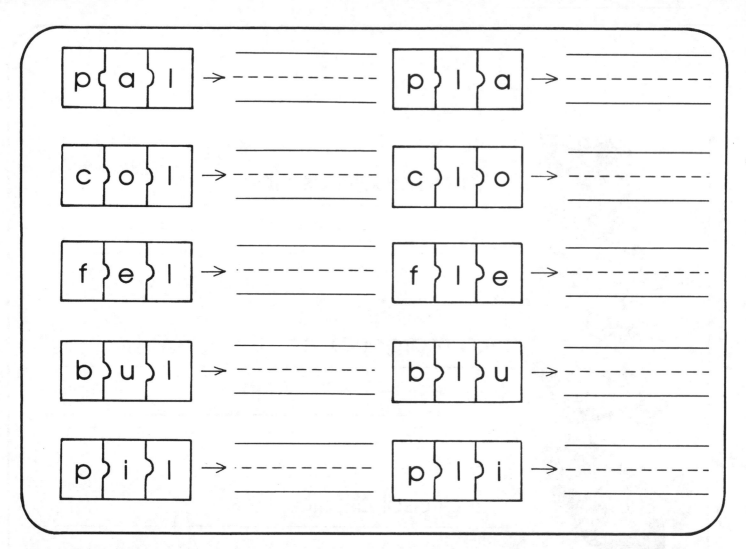

p a l → ⎯⎯⎯⎯⎯⎯⎯

p l a → ⎯⎯⎯⎯⎯⎯⎯

c o l → ⎯⎯⎯⎯⎯⎯⎯

c l o → ⎯⎯⎯⎯⎯⎯⎯

f e l → ⎯⎯⎯⎯⎯⎯⎯

f l e → ⎯⎯⎯⎯⎯⎯⎯

b u l → ⎯⎯⎯⎯⎯⎯⎯

b l u → ⎯⎯⎯⎯⎯⎯⎯

p i l → ⎯⎯⎯⎯⎯⎯⎯

p l i → ⎯⎯⎯⎯⎯⎯⎯

1. Hay palmeras en la plaza.

2. Los flecos son de felpa.

3. La blusa está colgada.

bicicleta

blusa

globos

Inventa tú los colores de las cosas, luego colorea.

1. La  de Pablo es blanca.

2. La de Clara es _____ .

3. Los de Blanca son _____ .

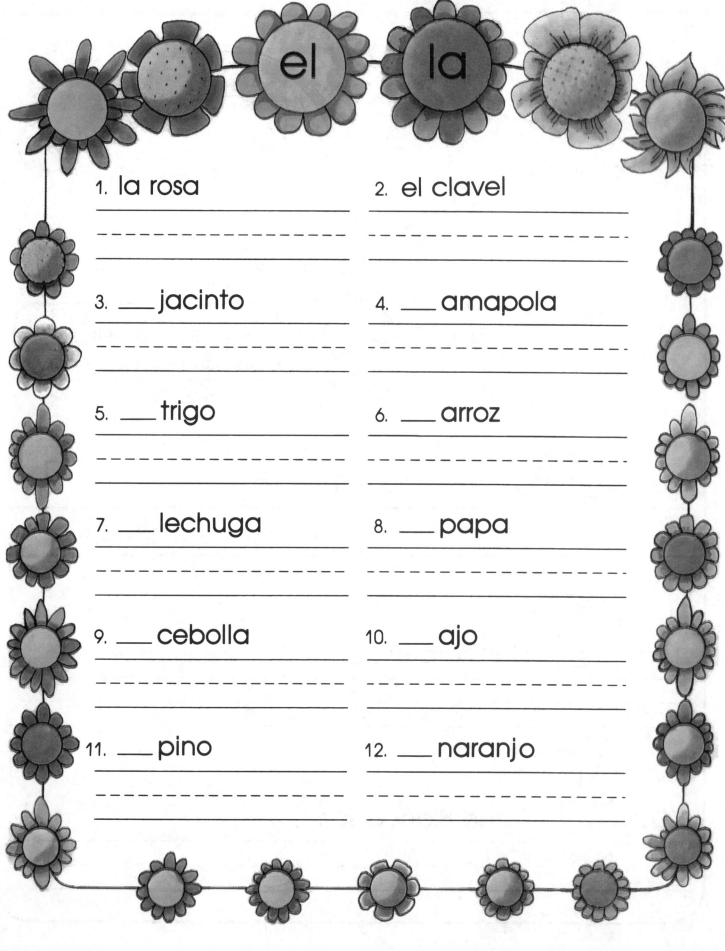

1. la rosa

2. el clavel

3. ___ jacinto

4. ___ amapola

5. ___ trigo

6. ___ arroz

7. ___ lechuga

8. ___ papa

9. ___ cebolla

10. ___ ajo

11. ___ pino

12. ___ naranjo

Fíjate bien y copia cada palabra en su lugar.

hojalata - florecer

florero - hojear

hojita - florería

florecilla - deshojar

flor

hoja

LA AZUCENA

1. La azucena es una flor.

2. La azucena es blanca.

La azucena se abrió

cuando amaneció.

Mmm, ¡qué buen olor!

EL GERANIO

1. El geranio es una planta.

2. El geranio tiene flores.

Tengo un geranio rosa,

otro rojo y otro blanco.

¿Cuál de ellos te regalo?

A lo largo del año

INVIERNO

PRIMAVERA

VERANO

OTOÑO

1. El año tiene cuatro estaciones.

la primavera

el verano

el otoño

el invierno

2. La escuela empieza en otoño.

3. La nieve llega en invierno.

4. Nos vamos de vacaciones en verano.

güe

1. Es una cigüeña.

_____

_____

güi

2. Es un pingüino.

_____

_____

3. Las cigüeñas son aves.

_____

_____

4. Las   vuelan.

_____

_____

5. Los pingüinos también son aves.

_____

_____

6. Los   corren y nadan.

_____

_____

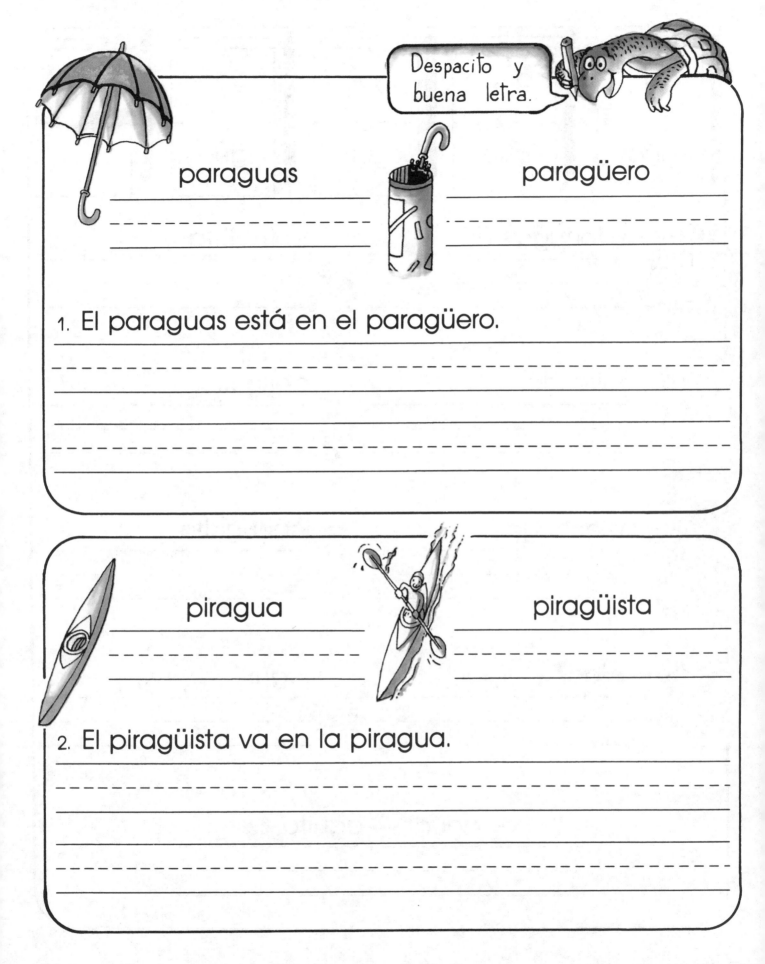

Despacito y buena letra.

paraguas

paragüero

1. El paraguas está en el paragüero.

piragua

piragüista

2. El piragüista va en la piragua.

ga / gua	gue / güe	gui / güi	go / guo	gu

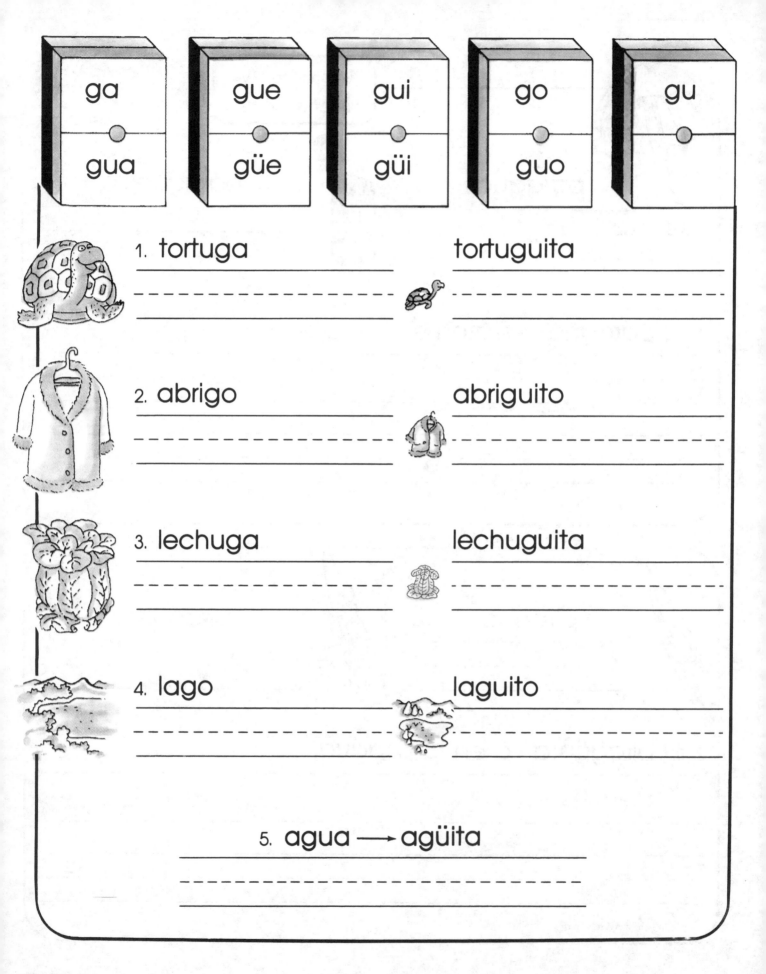

1. tortuga   tortuguita

2. abrigo   abriguito

3. lechuga   lechuguita

4. lago   laguito

5. agua ⟶ agüita

Copia cada palabra en la estación que corresponda.

playa - abrigo - frío

calor - bañador - bufanda

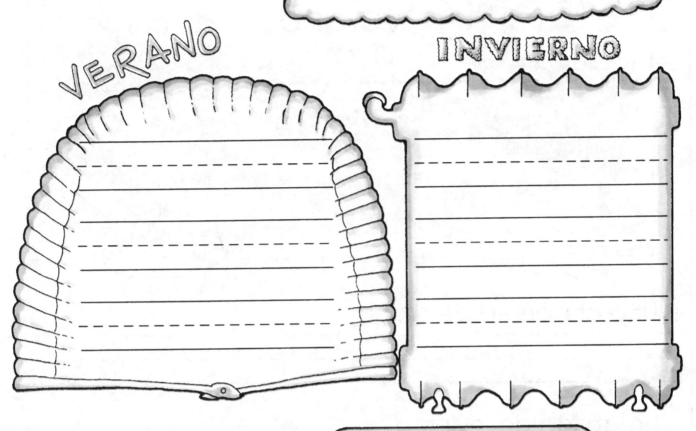

VERANO

INVIERNO

S O M B R E R O

X A B R I G O N

Z A P A T O S L

Busca los nombres de tres prendas de vestir.

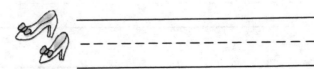

verano
otoño
primavera
invierno

1. una chaqueta de otoño

2. un abrigo de invierno

3. una blusa de primavera

4. una falda de verano

 gorro

_____

 flor

_____

 1. El pingüino tiene un gorro.

_____

_____

 2. El pingüino tiene una _____.

_____

_____

Mis patas largas,
mi pico largo,
y hago mi casa
en el campanario.

Soy _____

POR LOS AIRES

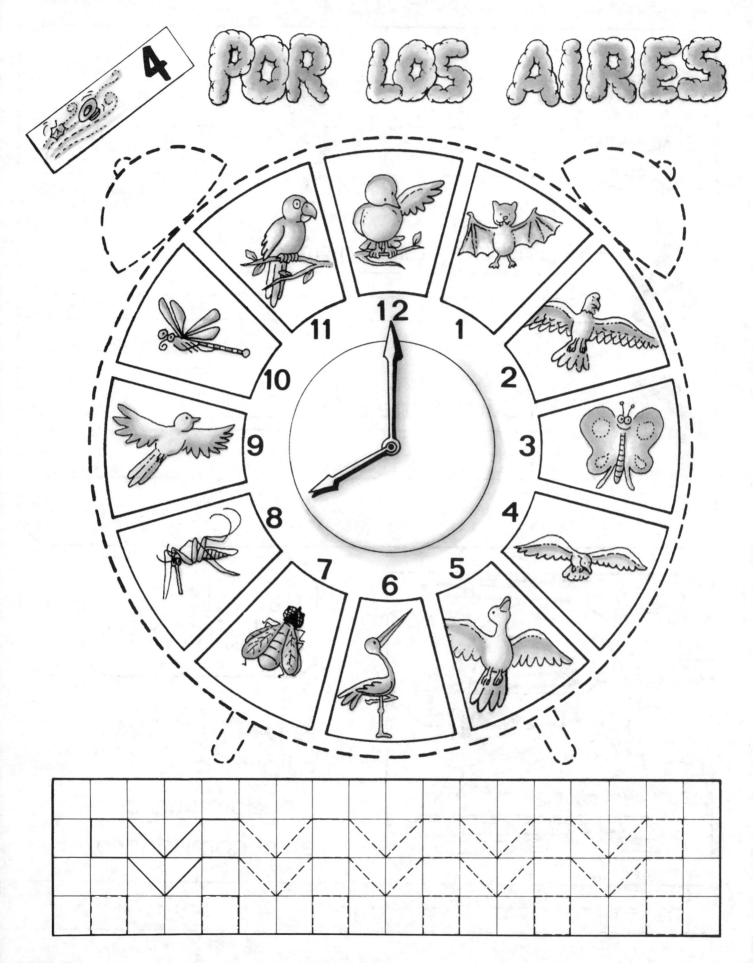

① el murciélago

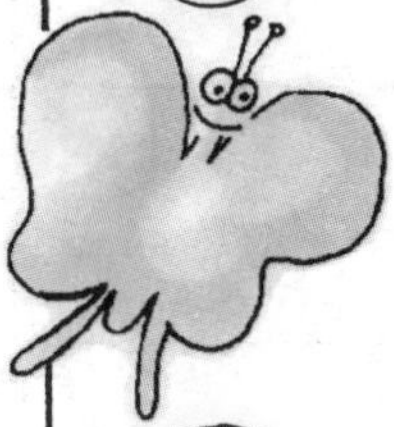

⑤ el pato

② la mariposa

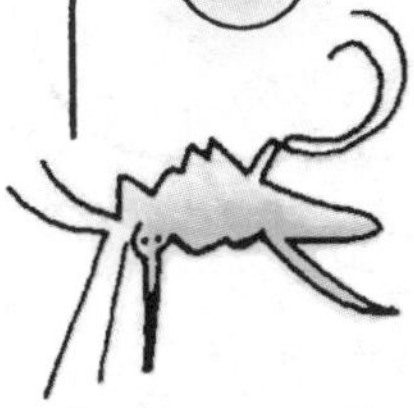

③ la mosca

③ el mosquito

④ el buitre

⑨ el canario

⑧ el loro

⑩ la libélula

⑥ el águila

⑦ la cigüeña

② el gorrión

29

 **este**

 **estos**

1. este búho

_____

- - - - - - - - - - -

_____

3. _____ cuervo

_____

- - - - - - - - - - -

_____

2. estos búhos

_____

- - - - - - - - - - -

_____

4. _____ cuervos

_____

- - - - - - - - - - -

_____

 **esta**

 **estas**

5. esta gaviota

_____

- - - - - - - - - - -

_____

7. _____ paloma

_____

- - - - - - - - - - -

_____

6. estas gaviotas

_____

- - - - - - - - - - -

_____

8. _____ palomas

_____

- - - - - - - - - - -

_____

1. La golondrina vuela.

2. Las golondrinas _____.

3. El ruiseñor _____.

4. Los ruiseñores _____.

JUEGO DE LAS CONSTRUCCIONES

El gorrión

es

un pájaro.

La cigüeña

1. El gorrión es _____.

2. La cigüeña es _____.

vuela
vuelan

canta
cantan

X

k

1. saxofón

5. kilómetro

2. xilófono

6. kiosco

3. taxi

7. koala

4. boxeo

8. kimono

1. Félix conduce un taxi.

2. Félix es taxista.

3. Elena toca el saxofón.

4. Elena es saxofonista.

5. Nicolás toca el xilófono.

6. Pero Nicolás no es músico.

EL LORO

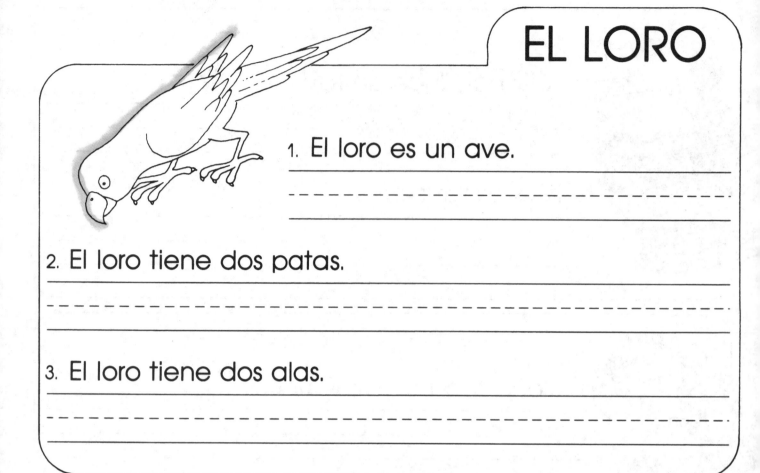

1. El loro es un ave.

2. El loro tiene dos patas.

3. El loro tiene dos alas.

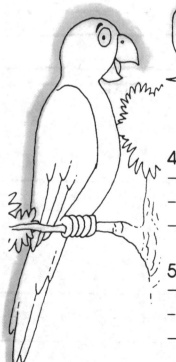

Coloréame. Mis plumas son verdes, amarillas, rojas y violetas.

4. El loro es muy hablador.

5. Imita bien nuestra voz.

LA LIBÉLULA

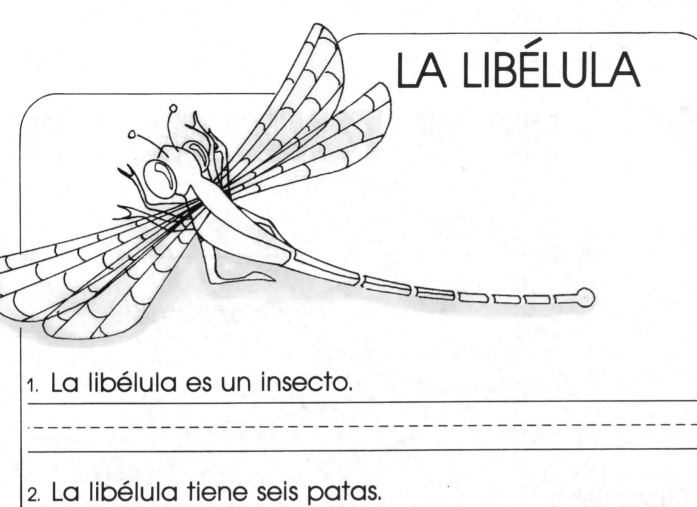

1. La libélula es un insecto.

2. La libélula tiene seis patas.

3. La libélula tiene cuatro alas.

4. Caza otros insectos.

5. Vive cerca del agua.

EN EL FONDO DEL MAR

pez espada

_____

- - - - - - - - - - - -

_____

pez sierra

_____

- - - - - - - - - - - -

_____

pez erizo

_____

- - - - - - - - - - - -

esponja

_____

- - - - - - - - - - - -

_____

caballito de mar

_____

- - - - - - - - - - - -

_____

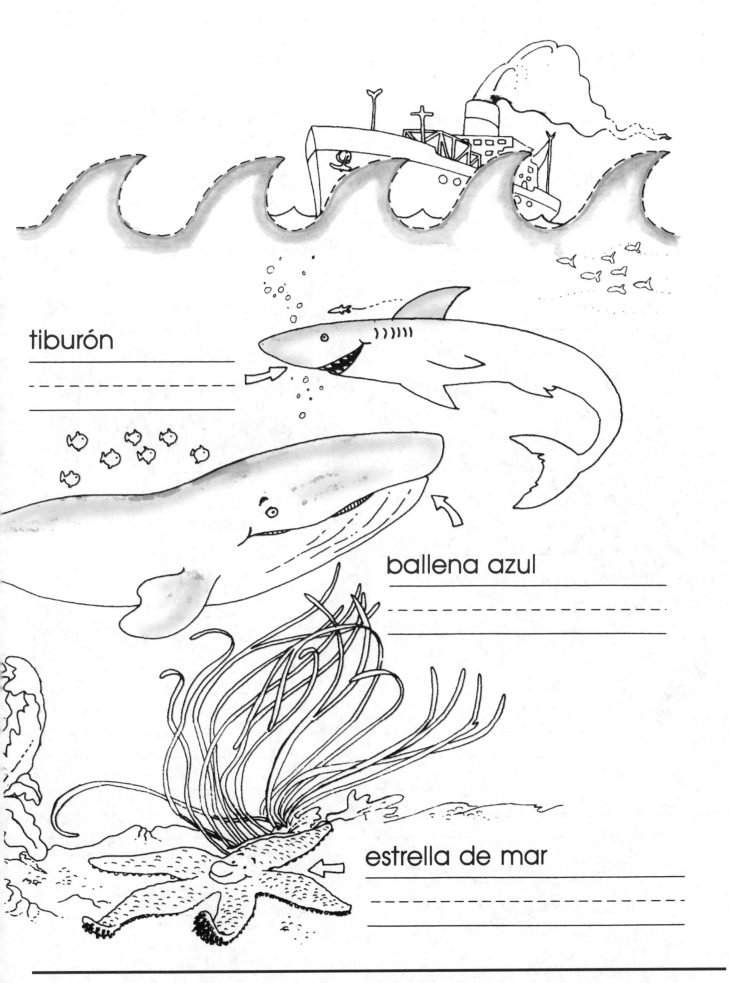

tiburón

_____

- - - - - - - - - - -

_____

ballena azul

_____

- - - - - - - - - - -

_____

estrella de mar

_____

- - - - - - - - - - -

_____

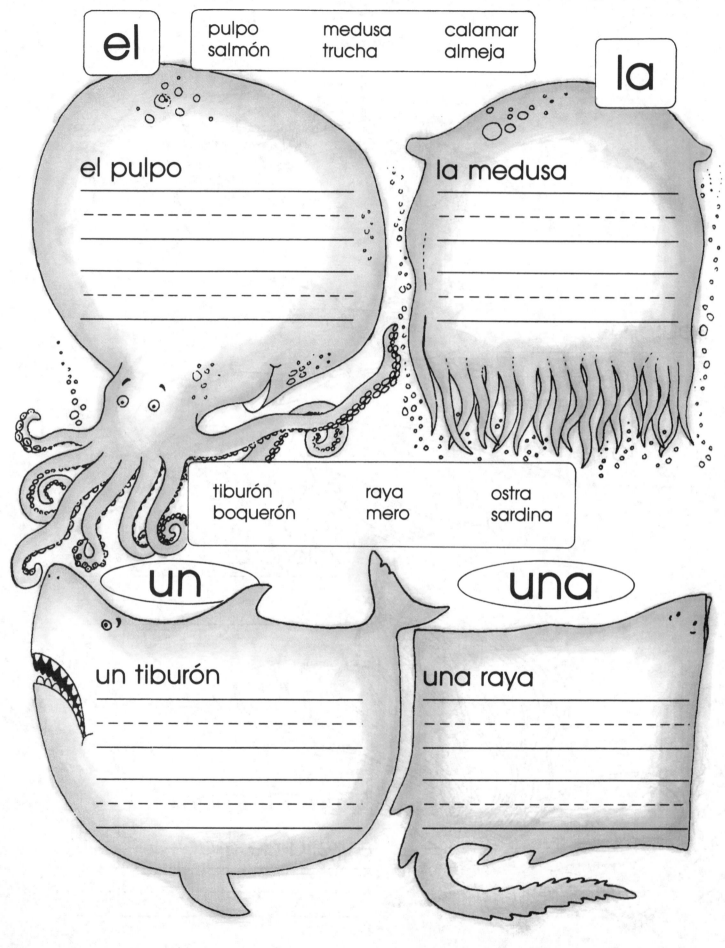

el

pulpo   medusa   calamar
salmón   trucha   almeja

la

el pulpo

la medusa

tiburón   raya   ostra
boquerón   mero   sardina

un

una

un tiburón

una raya

38

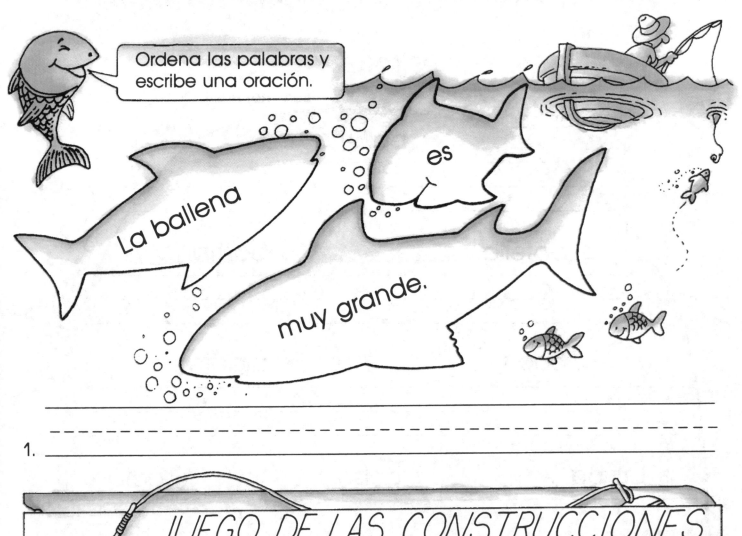

Ordena las palabras y escribe una oración.

La ballena

es

muy grande.

1. _____

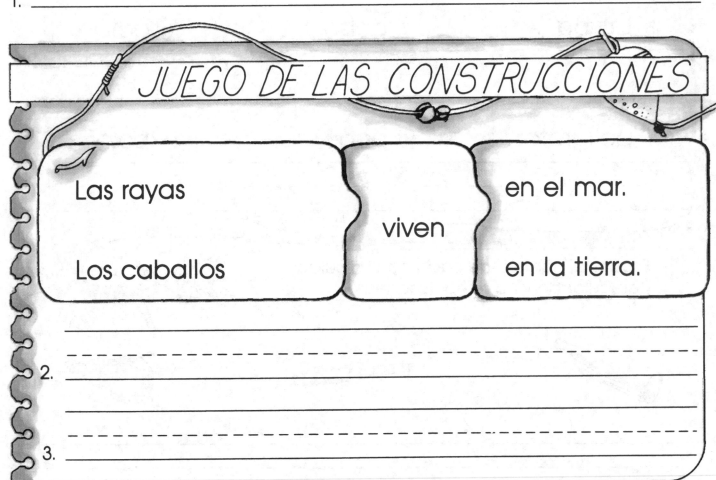

JUEGO DE LAS CONSTRUCCIONES

Las rayas

viven

en el mar.

Los caballos

en la tierra.

2. _____

3. _____

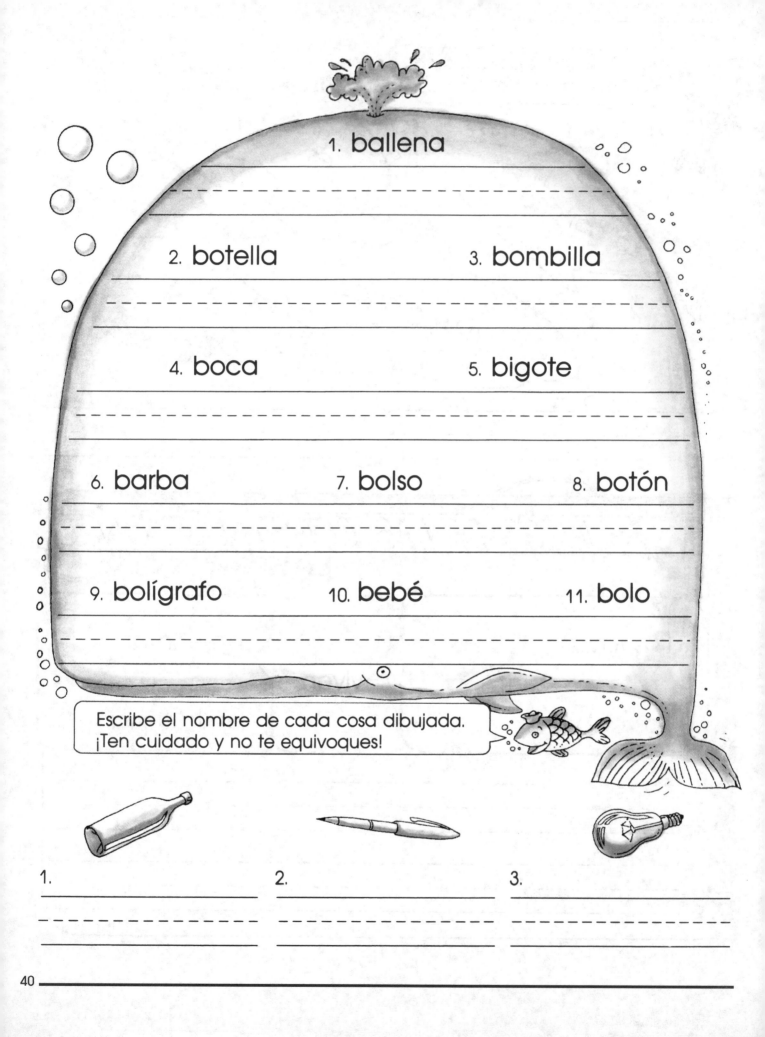

1. ballena

2. botella 3. bombilla

4. boca 5. bigote

6. barba 7. bolso 8. botón

9. bolígrafo 10. bebé 11. bolo

Escribe el nombre de cada cosa dibujada.
¡Ten cuidado y no te equivoques!

1.

2.

3.

1. El (b)esugo y la barracuda

2. El bacalao y el boquerón

3. El tiburón y el bonito

1

Haz tú los dibujos.

2

1. un pez   dos peces

2. una lombriz   dos lombrices

3. un lápiz   dos lápices

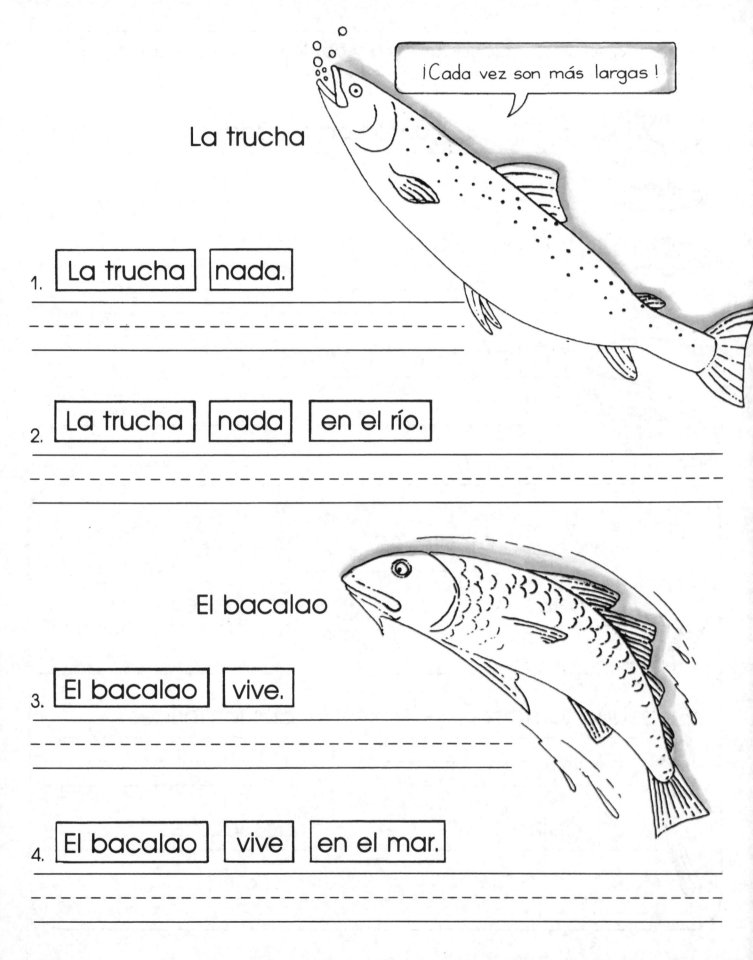

¡Cada vez son más largas!

La trucha

1. | La trucha | | nada. |

_____

- - - - - - - - - - - - - - - - - -

_____

2. | La trucha | | nada | | en el río. |

_____

- - - - - - - - - - - - - - - - - -

_____

El bacalao

3. | El bacalao | | vive. |

_____

- - - - - - - - - - - - - - - - - -

_____

4. | El bacalao | | vive | | en el mar. |

_____

- - - - - - - - - - - - - - - - - -

_____

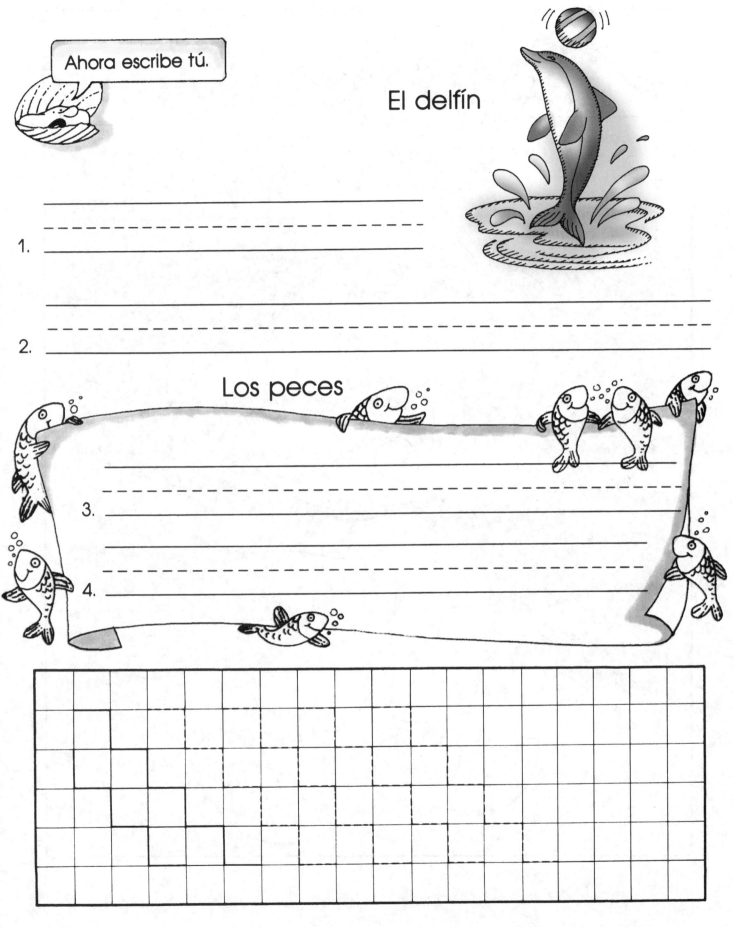

Ahora escribe tú.

El delfín

1. _____

2. _____

Los peces

3. _____

4. _____

6

Fiesta de disfraces

Coloréame:

1 azul
2 rojo
3 negro
4 amarillo

Es un gnomo

1. Su pantalón es rojo.

2. Su camisa es azul.

3. Su gorro es negro.

4. ¿De qué color es su pelo?

NUEVO-NUEVA   VIEJO-VIEJA

1. un coche nuevo   un coche viejo

2. un balón_____   un balón_____

3. una moto_____   una moto_____

4. un oso_____   un oso_____

Juego de las construcciones

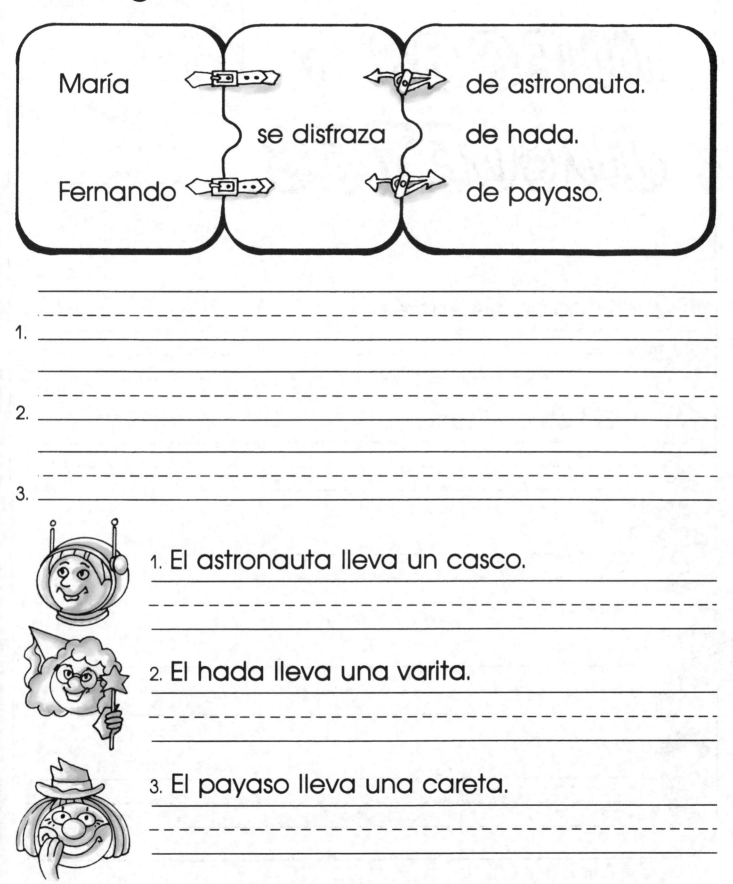

María   se disfraza   de astronauta.

de hada.

Fernando   de payaso.

1. _____

2. _____

3. _____

1. El astronauta lleva un casco.

2. El hada lleva una varita.

3. El payaso lleva una careta.

JUEGOS y JUGUETES

Inventa los nombres de los niños. ¡Acuérdate de escribirlos con mayúsculas!

1. El balón de Andrés

2. El tren de Marta

3.

4.

5.

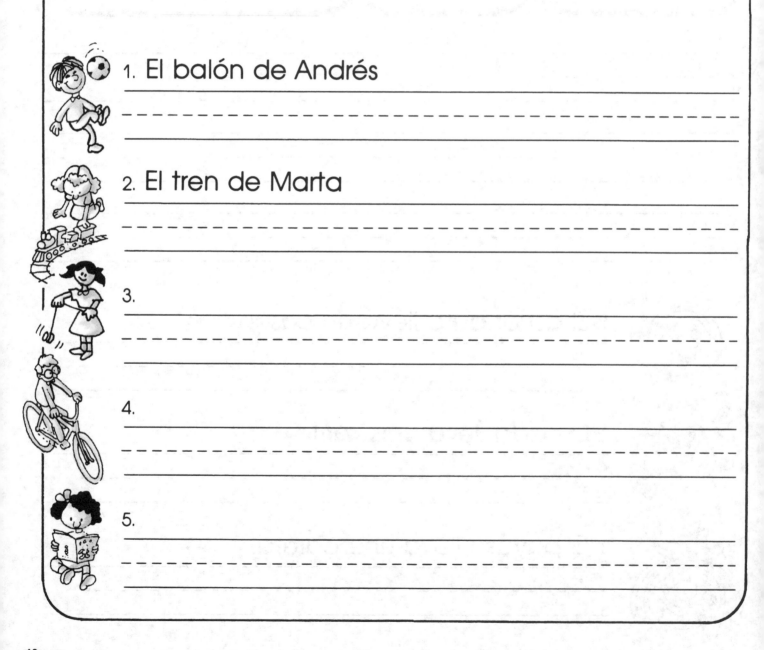

¿ CON QUÉ JUEGAN ?

Cada niño con un juguete.
Sigue los hilos y lo verás.

EVA

PEDRO

MANUEL

CRISTINA

1. Eva juega con un rompecabezas.

2. _____

3. _____

4. _____

Una maceta sorprendente

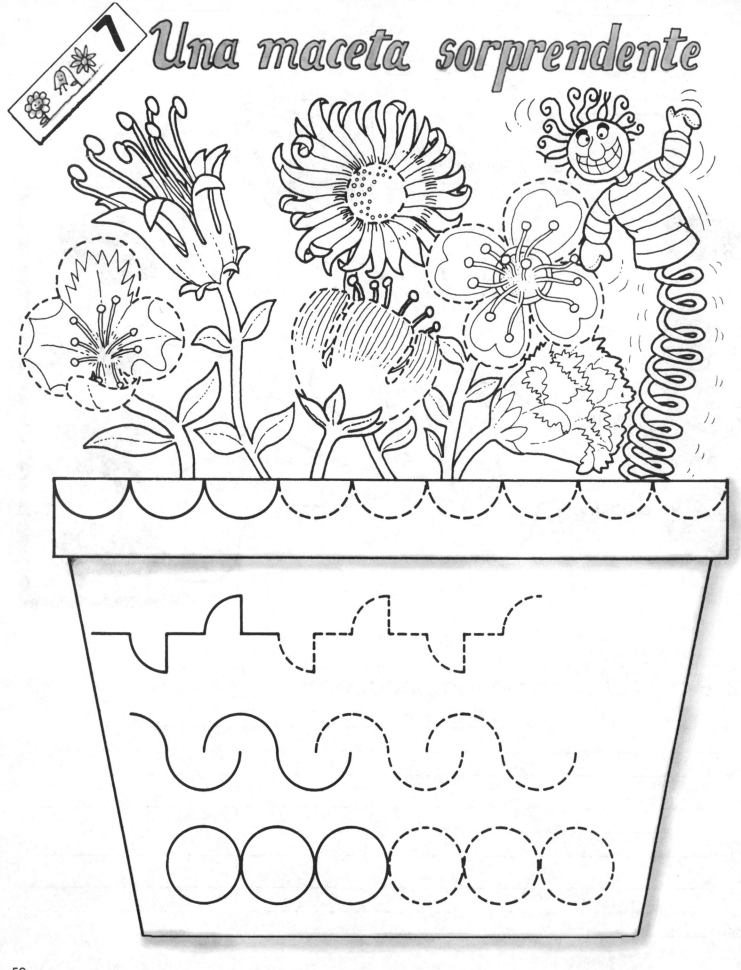

1. la margarita
_____
- - - - - - - - -
_____

6. el tulipán
_____
- - - - - - - - -
_____

2. _____ campanilla
_____
- - - - - - - - -
_____

7. _____ clavel
_____
- - - - - - - - -
_____

3. _____ rosa
_____
- - - - - - - - -
_____

8. _____ geranio
_____
- - - - - - - - -
_____

4. _____ azucena
_____
- - - - - - - - -
_____

9. _____ jazmín
_____
- - - - - - - - -
_____

5. _____ dalia
_____
- - - - - - - - -
_____

10. _____ lirio
_____
- - - - - - - - -
_____

1. Esta flor es una amapola.

_____

2. Estos árboles son pinos.

_____

3. Este animal es un pato.

_____

4. La  es de color rojo.

_____

5. Los  son muy altos.

_____

6. El  es muy pequeño.

_____

Juego de las construcciones

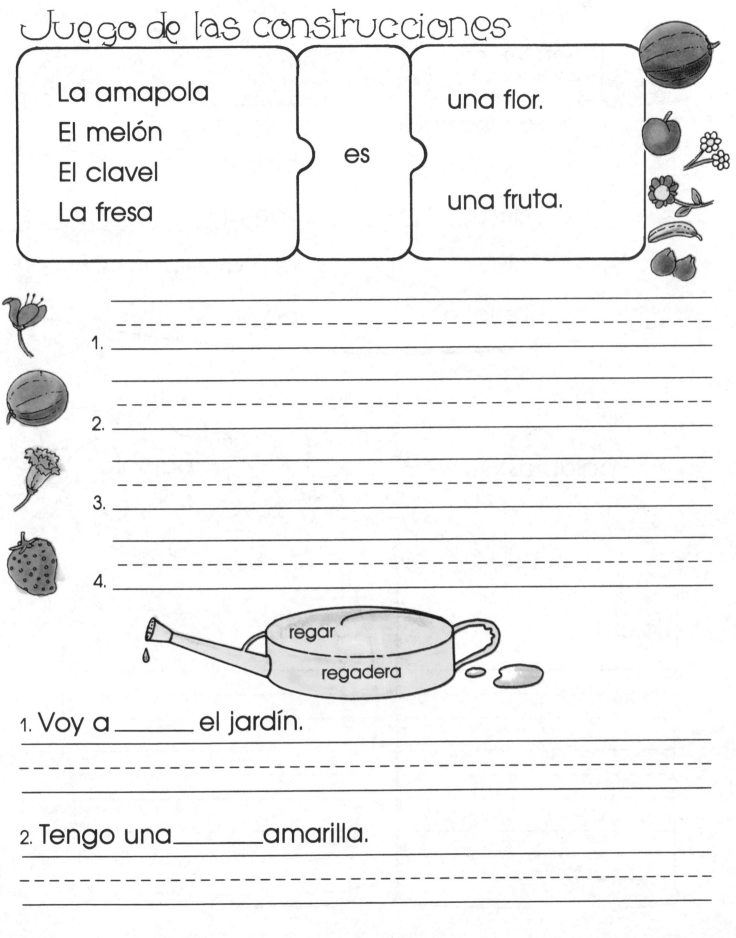

La amapola		una flor.
El melón	es	
El clavel		una fruta.
La fresa		

1. _____

2. _____

3. _____

4. _____

regar

regadera

1. Voy a _____ el jardín.

_____

2. Tengo una _____ amarilla.

_____

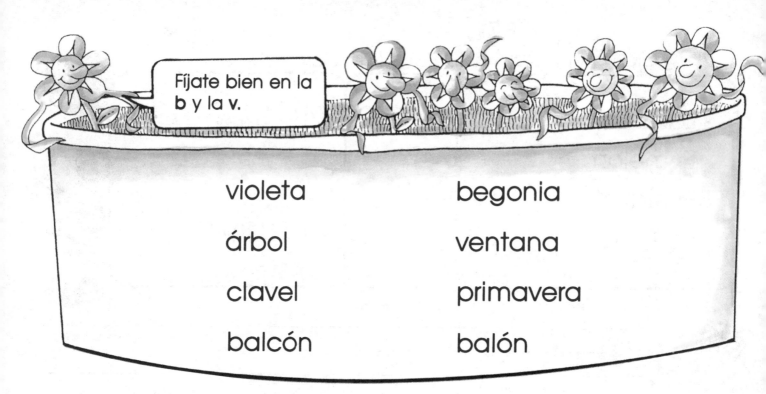

Fíjate bien en la b y la v.

violeta	begonia
árbol	ventana
clavel	primavera
balcón	balón

palabras con **v**

violeta

palabras con **b**

begonia

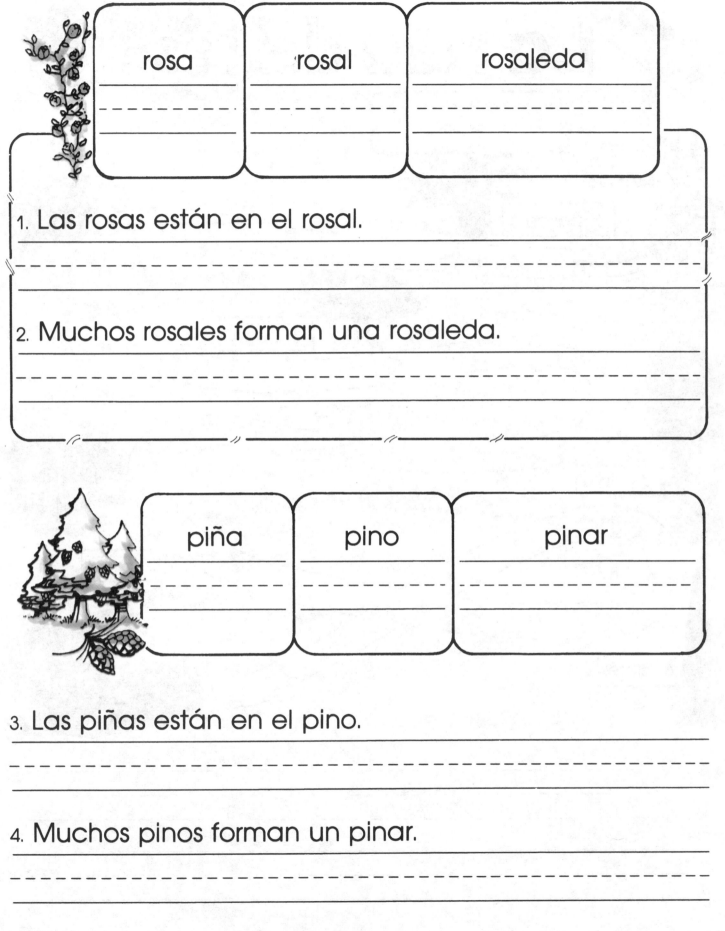

rosa	rosal	rosaleda

1. Las rosas están en el rosal.

2. Muchos rosales forman una rosaleda.

piña	pino	pinar

3. Las piñas están en el pino.

4. Muchos pinos forman un pinar.

8

La ruta del tesoro

Marca el camino hasta el tesoro. Después, copia los nombres de los árboles.

1. palmera

2. olivo

3. nogal

4 roble

5. sauce

6. ciprés

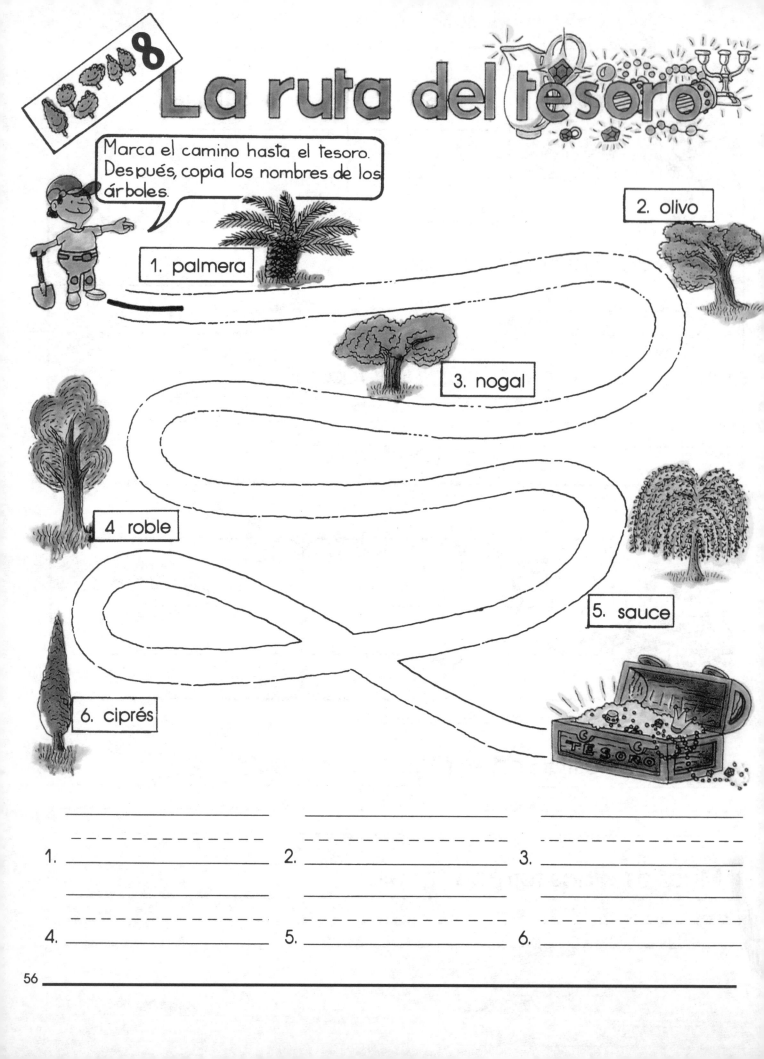

1. _____

2. _____

3. _____

4. _____

5. _____

6. _____

HOJAS DE ÁRBOLES

1. hoja de roble

2. hoja de haya

3. hoja de álamo

4. hoja de arce

5. hoja de olmo

6. hoja de pino

7. hoja de castaño

8. hoja de palmera

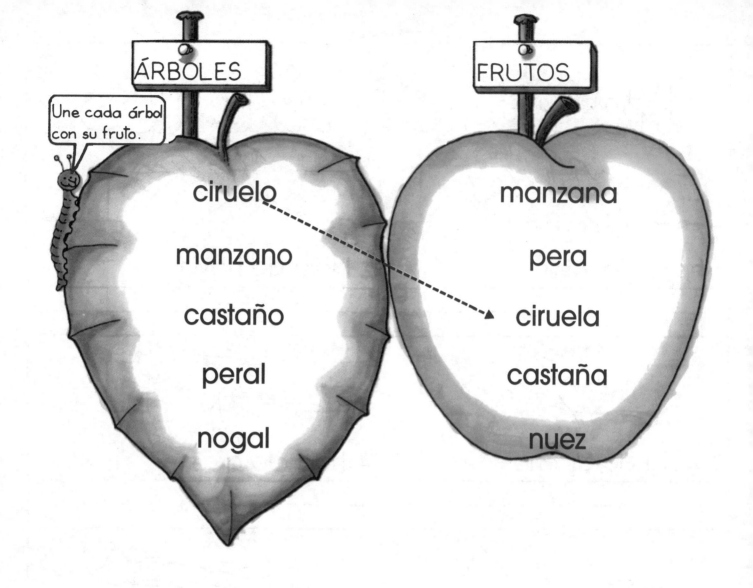

1. El ciruelo nos da ciruelas.

2. _____

3. _____

4. _____

5. _____

O	H	A	S	J

H	O	J	A	S

Escribe cada letra en su lugar y podrás leer las partes de un árbol.

O	T	R	N	O	C

A	R	Z	Í

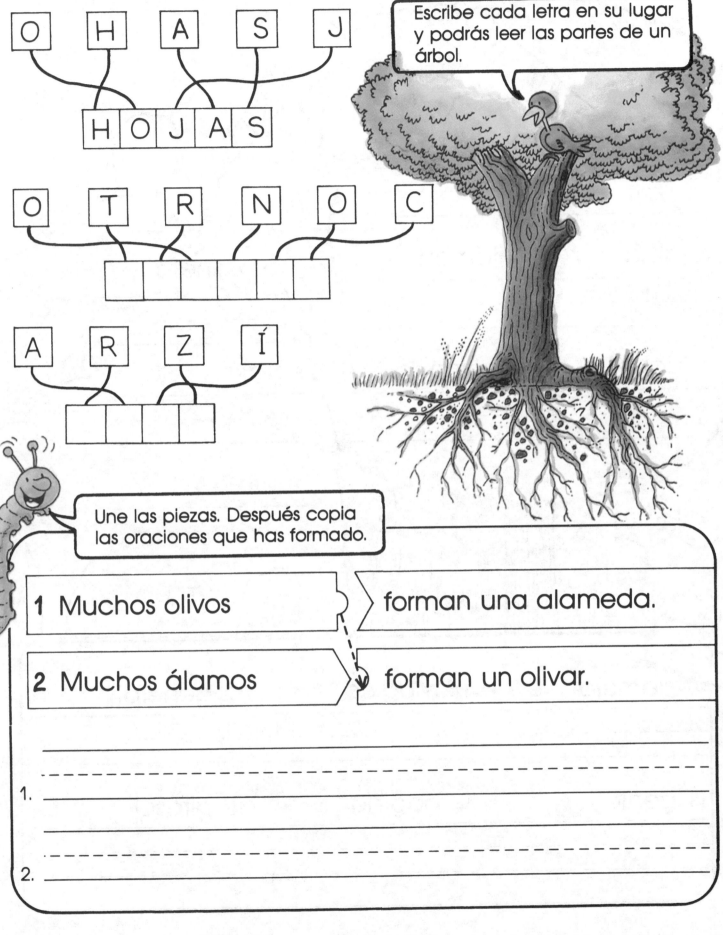

Une las piezas. Después copia las oraciones que has formado.

1 Muchos olivos	forman una alameda.
2 Muchos álamos	forman un olivar.

1. _____

2. _____

JU

JA

JO

JE, JI

GE, GI

1. naranjo

2. hoja

3. jabón

4. jamón

7. jinete

5. juguete

6. cajón

8. traje

9. jefe

10. gemelo

11. mágico

12. general

13. genio

14. página

15. girasol

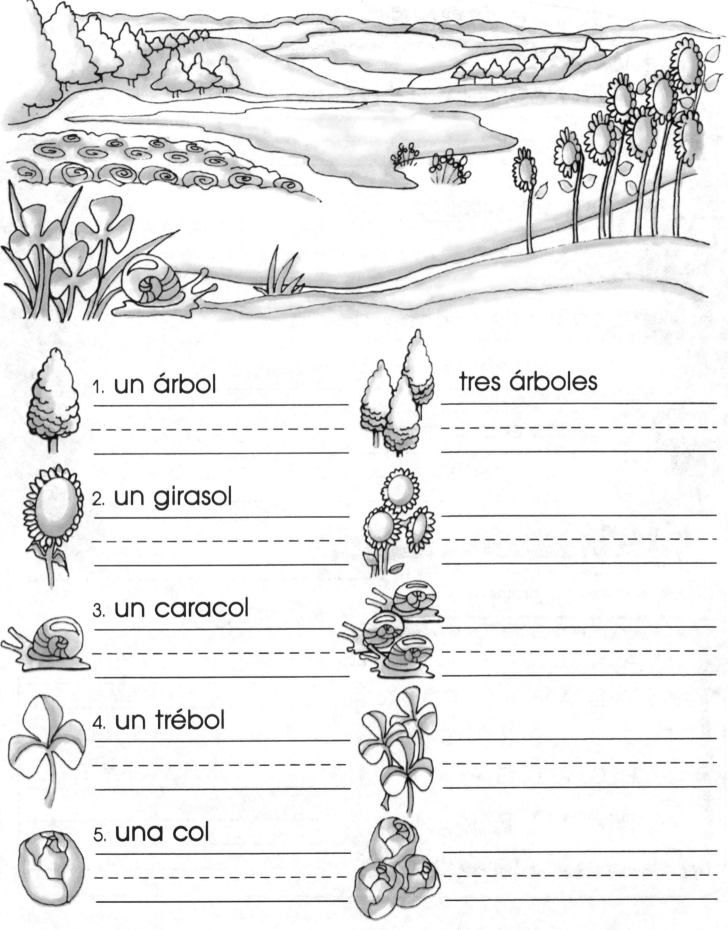

1. un árbol

tres árboles

2. un girasol

3. un caracol

4. un trébol

5. una col

EN LOS ÁRBOLES DEL HUERTO

En los árboles del huerto

_____

- - - - - - - - - - - - - - - - - - - -

_____

hay un ruiseñor:

_____

- - - - - - - - - - - - - - - - - - - -

_____

canta de noche y de día,

_____

- - - - - - - - - - - - - - - - - - - -

_____

canta a la luna y al sol.

_____

- - - - - - - - - - - - - - - - - - - -

_____

Busca los nombres de 4 cosas
que utiliza el jardinero.

1. MANGUERA

```
M A N G U E R A N T
N T L A B X P Q U N
F T I J E R A S P O
R E G A D E R A T L
V R A S T R I L L O
```

_____

2. _____

_____

3. _____

_____

4. _____

Un nuevo árbol

1. Alma sembró la semilla de una naranja.

2. Al poco tiempo brotó una planta.

3. El naranjo creció y dio naranjas.

PRINTED IN MEXICO
Impreso en México por
Gráficas Monte Alban, S. A. de C.V.
Fracc. Agro- Ind. La Cruz, el Marqués, Qro.